# ÉPITRE.

# ÉPITRE

A

## MESSIEURS

# DE L'ACADÉMIE FRANÇAISE,

SUR CETTE QUESTION :

L'ÉTUDE FAIT-ELLE LE BONHEUR DANS TOUTES LES SITUATIONS DE LA VIE ?

PAR CASIMIR DELAVIGNE.

> .... Et proposui in animo meo quærere et investigare sapienter de omnibus quæ fiunt sub sole. Hanc occupationem pessimam dedit Deus filiis hominum, ut occuparentur in eâ. ( ECCLESIASTES, Cap. 1 )

PARIS,
DE L'IMPRIMERIE D'ÉVERAT, RUE DU CADRAN, N°. 16,
ENTRE CELLES MONTMARTRE ET MONTORGUEIL.

AOUT 1817.

Pièce qui a obtenu une mention de l'Académie Française, le 25 août 1817.

# ÉPITRE

A

MESSIEURS

DE L'ACADÉMIE FRANÇAISE.

Illustres Héritiers du sceptre académique,
Tous égaux en pouvoir, vous dont la république
Offre, aux regards surpris de cet accord heureux,
Quarante souverains qui sont unis entre eux ;
Souffrez que la Sorbonne, armée à la légère,
Hasarde contre vous un combat littéraire.
Le bonnet de docteur couvre mes cheveux blancs,
Et pour argumenter je monte sur les bancs.

 Des neuf Vierges du Pinde éloquens interprètes,
Le Ciel vous a dotés de ses faveurs secrètes ;
Vous avez vu les fruits de vos nobles travaux
D'un public idolâtre emporter les bravos :
Soit que les yeux en pleurs sur la scène il contemple
Benjamin, Clytemnestre et les héros du Temple ;
Que deux amis rivaux, pour corriger Paris,
Reproduisent Térence et Plaute en leurs écrits ;

Soit que vous décriviez, sur le mont d'Aonie,
Les doux travaux des champs et les lois d'Uranie ;
Que la grave Clio vous prête son burin,
Ou qu'Apollon vous guide un Homère à la main.
Je le sais, une étude et constante et profonde
Des triomphes pour vous fut la source féconde.
L'étude, à vous entendre, est un divin secours ;
De l'existence entière elle embellit le cours....
Rebelle sur ce point, pardonnez si ma plume
Prouve que ces plaisirs sont mêlés d'amertume ;
Que semblable à ce mets du bossu Phrygien,
L'étude est un grand mal comme un souverain bien.
Le besoin de parler m'entraîne à contredire ;
Je suis vieux et docteur, passez-moi mon délire.

Heureux, heureux le temps où les premiers humains
Du temple de mémoire ignoraient les chemins !
Non pas qu'au siècle d'or ma muse les couronne
Des éternelles fleurs d'un printemps monotone ;
Non que je prise fort l'innocence des mœurs
Qui dans un lourd repos assoupit nos humeurs,
Éteint des passions les flammes immortelles ;
Il n'est point de grandeur, point de bonheur sans elles.
Humains, j'aime à vous voir en ce siècle vanté
Jouir avec excès de votre liberté.
Dans de vieux préjugés votre esprit à la gêne
N'était pas en naissant accablé sous sa chaîne ;
Vous n'aviez point payé, par d'arides travaux,
Les tristes visions qui troublent nos cerveaux ;

De la nature encor vous respectiez les voiles ;
Qui de vous disputait sur le cours des étoiles ?
Le fanatisme ardent, qui parle au nom du ciel,
Ne gonflait point vos cœurs d'arrogance et de fiel ;
Des sectes et des lois dédaignant l'esclavage,
Vous réfléchissiez moins, vous sentiez davantage.
Votre amour est farouche et tient de la fureur ;
Votre prompte justice imprime la terreur ;
Mais dans l'aspérité de vos vertus naïves,
Brillent du naturel les traces primitives.
J'admire plus cent fois ce lion furieux,
Qui, la gueule béante et le sang dans les yeux,
Les ongles tressaillans d'une effroyable joie
Suit son instinct féroce et déchire sa proie,
Que ces ours baladins, sous le bâton dressés,
Étalant aux regards leurs ongles émoussés,
Leur gueule sans honneur, que le fer a flétrie,
Attributs impuissans d'une race avilie.

 Las d'un libre destin, las de sa dignité,
L'homme sur ses autels plaça la vanité.
Le front chargé d'ennuis l'étude prit naissance,
Et l'erreur à sa voix détrôna l'ignorance.
L'homme a dit (1) : « Je sais tout et j'ai tout défini ;
» J'ai pour loi la raison, pour borne l'infini.

---

(1) Locutus sum in corde meo, dicens : ecce magnus effectus sum, et precessi omnes sapientiâ qui fuerunt ante me in Jerusalem : et mens mea contemplata est multa sapienter, et didici.

Dedique cor meum ut scirem prudentiam atque doctrinam, errores et stultitiam ; et agnovi quod in his quoque esset labor et afflictio spiritûs.

        ( *Ecclesiastes*, cap. 1. )

» L'étude me ravit à des hauteurs sublimes :
» De ce globe étonné j'ai sondé les abîmes :
» Cet élément subtil dont il roule entouré ;
» Ce feu, de tous les corps le principe sacré ;
» L'onde qui les nourrit de ses flots salutaires,
» N'ont pu contre mes yeux défendre leurs mystères.
» Est-il quelques secrets cachés au fond des cieux
» Que n'ait point pénétré mon regard curieux ?.... »
Moins fier de sa raison, il eût mieux dit peut-être :
« J'ai su tout expliquer, ne pouvant tout connaître. »
L'insensé ! quels combats il s'épuise à livrer,
Pour détruire un mensonge ou pour le consacrer !
Que d'efforts malheureux, que de veilles stériles !
Qu'il érige à grands frais de systèmes fragiles !
Ptolémée, illustré par cent travaux divers (1),
Dans un ciel de cristal fait tourner l'univers.
D'autres, soumettant tout aux lois de Polymnie (2),
Des cercles étoilés ont noté l'harmonie.
Si le temps nous éclaire et les a réfutés,
Le temps de mille erreurs a fait des vérités.
Tout le savoir humain n'est qu'un grand labyrinthe.
L'étude nous conduit dans cette obscure enceinte ;
De son fil embrouillé qui s'allonge toujours,
On suit péniblement les tortueux détours ;

---

(1) Ptolémée, surnommé le Très-Sage et le Divin, supposa l'existence d'un dernier ciel de cristal qui imprimait le mouvement à tous les autres.

(2) On connoît les idées des anciens sur l'harmonie des corps célestes. Pythagore et ses disciples avaient représenté par les sept notes de la musique les sept planètes alors connues.

Le voyageur perdu marche de doute en doute,
Et sans se retrouver expire sur la route.

A peine un foible enfant échappé du berceau,
A brisé ces liens qui révoltaient Rousseau,
Les quatre facultés dont la voix l'endoctrine,
Épouvantent ses yeux de leur manteau d'hermine.
Certes, quand la frayeur hâte ses premiers pas,
Le chemin qu'il parcourt a pour lui peu d'appas.
Ne maudissiez-vous point Sophocle et Stesichore,
Quand leurs vers à la main vous ignoriez encore
Que vous deviez un jour chez nos derniers neveux
Leur disputer l'honneur d'être maudits comme eux.

Mais du collége enfin foulez aux pieds les chaînes.
O liberté! sans toi les plaisirs sont des peines!
Quel destin vous attend, si de la vérité
Le flambeau redoutable est par vous présenté!
Que de petits esprits, jaloux des noms célèbres,
Prendront contre le jour parti pour les ténèbres.
Leur nombre dangereux fait leur autorité :
Les sots depuis Adam sont en majorité.

La divinité même inspire Anaxagore (1);
D'un exil flétrissant l'arrêt le déshonore.
Les rêves d'Aristote abusaient nos aïeux :
Galilée indigné change l'ordre des cieux.

---

(1) Anaxagore soutint le premier qu'une intelligence divine avait présidé à l'arrangement de l'univers. Les prières de Périclès, son élève et son ami, ne purent lui éviter la honte d'être chassé d'Athènes, comme un impie.

Sans pitié loin du centre il rejette la terre,
Du soleil par sa marche il la rend tributaire.....
N'a-t-il pas expié par trois ans de prison
L'inexcusable tort d'avoir trop tôt raison.
 Répondez, que servit aux maîtres de la lyre
De suivre les écarts d'un immortel délire?
Faut-il d'un seul exemple attrister vos regards?
Le siècle de Louis, le siècle des beaux-arts,
N'accorda qu'à regret, vaincu par la prière,
Du pain au grand Corneille, une tombe à Molière.
Nourrissez donc le feu de vos nobles désirs;
Immolez à l'étude, état, repos, plaisirs;
Veillez, jeunes auteurs, pour qu'un jour d'injustice
De dix ans de travail renverse l'édifice.
Je veux qu'un beau succès couronne votre orgueil;
Un peuple d'ennemis vous suit jusqu'au cercueil.
Triste sort des talens ! La noire calomnie
Flétrit de ses poisons le laurier du génie;
Mille insectes impurs en rongent les rameaux,
Et comme le cyprès, c'est l'arbre des tombeaux.
Vous qu'Apollon choisit pour siéger dans son temple,
Oserai-je en passant vous citer votre exemple?
Que de fois la critique a de son trait cruel
Effleuré jusqu'au vif votre cœur paternel !
Que de fois l'indigence au fond de votre asile,
Sans feu, durant l'hiver, fixa son domicile,
Quand vous n'osiez encore, humbles dans votre orgueil,
Aspirer aux honneurs de l'immortel fauteuil.

Mais sortez, direz-vous, du temple de mémoire,
Cessez d'unir l'étude à l'amour de la gloire......
Vous m'avez prévenu ; c'est dans l'obscurité
Que l'étude est un pas vers la félicité.
La vérité m'attire, et soigneux de me taire,
Je la cherche, la trouve et la cache au vulgaire....
La cacher ! à ce mot vous répondez soudain,
Comme l'eût fait Caton dans le sénat romain.
« La cacher ! il le faut, si sa clarté peut nuire ;
» Mais au pied du bûcher dût-elle te conduire,
» Si tu conçois l'espoir d'être utile aux humains,
» Parle, aux fers des tyrans cours présenter tes mains.
» Parle, c'est ton devoir ; philosophe, à quel titre
» Du bonheur des mortels te rendrais-tu l'arbitre ?
» Tu pâlis..... de quel droit priver des malheureux
» De ce dépôt sacré qui t'est commis pour eux ?
» La gloire n'est, dis-tu, qu'une illustre fumée ?
» Il s'agit d'une dette, et non de renommée.
» Parle au prix de tes jours ; le sacrifice est grand,
» Mais tu te l'imposais toi-même en t'éclairant.
» Ton honneur, ton pays, le monde le réclame,
» Meurs donc infortuné pour ne pas vivre infâme. »
L'alternative est grave, et parmi vous, je crois,
Qu'on eût vu Fontenelle hésiter sur le choix.
Un auteur fut souvent brûlé pour un bon livre ;
Il est beau d'être lu, mais il est doux de vivre.
Je suis sexagénaire et crains de m'exposer ;
Que j'arrive à cent ans, et je veux tout oser.

Voilà mon sentiment, Messieurs, ne vous déplaise.
Je le redis encor, retranché dans ma thèse:
Comme ce roi Janus qu'adora l'univers,
L'étude offre à mes yeux deux visages divers.
L'un est bouffi d'orgueil, mais pâle de tristesse;
L'autre, calme et riant, ressemble à la sagesse.
Le sage qui la suit, prompt à se modérer,
Sait boire dans sa coupe et ne pas s'enivrer.
Quel que soit de nos jours ou l'éclat ou le nombre,
L'existence de l'homme est le rêve d'une ombre: (1)
Veux-tu donc l'embellir ce rêve passager?
Pourquoi chercher au loin un bonheur mensonger?
Livre-toi tout entier à la douceur secrète
D'ensevelir ta vie au fond d'une retraite.
Sans t'épuiser en soins, sans te perdre en projets,
Laisse errer ton esprit sur la fleur des objets;
Repoussant loin du mien l'aliment qui l'accable,
Je cherche à le nourrir d'une science aimable.
J'exerce ma raison avec timidité;
J'adore sans orgueil la sainte vérité.
Virgile ou Cicéron m'enflamme à son génie;
Ils me font tour à tour fidèle compagnie.
Que j'aime Cicéron lassé du consulat,
Préférant Tusculum aux pompes du sénat;
Entouré de faisceaux, je l'admirais dans Rome;
Là, je vois l'homme heureux qui vaut bien le grand homme.

(1) Σχιας οναρ ανθρωποι. (Pindare.)

Le sort m'a-t-il repris ses présens incertains,
L'étude moins trompeuse adoucit mes chagrins,
De mes sens agités calme l'inquiétude,
Dissipe mes ennuis, peuple ma solitude.

O champs d'Occitanie, ô fertiles vallons!
Quand la fraîcheur du soir descend du haut des monts,
Sur des gazons fleuris, à l'ombre des vieux chênes,
Laissez-moi m'égarer aux bords de vos fontaines.
L'aspect de l'univers m'élève à son auteur;
Il me révèle un Dieu, mais un Dieu bienfaiteur.
J'apprends à mépriser cette horreur fantastique
Qu'au chevet des mourans plaça la politique.
Doit-on dans ses décrets prévenir l'Éternel?
Mortel, songe à toi-même en jugeant un mortel,
Et faible comme lui, ne sois pas plus sévère
Que ce Dieu qui pardonne ou qui punit en père.
Avons-nous à pleurer la perte d'un ami?
Notre esprit est plus fort par l'étude affermi.
Que c'est bien à mon sens la volupté suprême
D'oublier les humains, de descendre en soi-même,
De fixer dans son cœur, trop long-temps combattu,
L'inaltérable paix que donne la vertu.
Fais-toi donc de te vaincre une douce habitude;
Oui, consacre ta force à cette noble étude;
Elle est digne de l'homme, elle mène au bonheur:
Apprends, pour être heureux, à devenir meilleur.

Mais je vous vois sourire, auguste Aréopage;
« Docteur, me dites-vous, c'est raisonner en sage :

» Pour vous l'étude obscure a seule des douceurs ;
» Vous rimez cependant en blâmant les Neuf Sœurs... »
J'entends, brûlez mes vers. Dans l'ardeur d'un beau zèle
Je condamnais la gloire et l'étude avec elle.
Ingrat, je blasphémais ; leurs rêves séduisans
D'un orgueilleux espoir caressaient mes vieux ans,
Me promettaient déjà cette palme éclatante,
Digne prix qu'Apollon par vos mains nous présente ;
Dans mon cœur épuisé réveillaient des désirs,
Et réfutaient mes vers en charmant mes loisirs ;
J'étais heureux enfin. Dans cette triste vie,
Où de revers si prompts la victoire est suivie ;
Où nos plus doux plaisirs deviennent nos bourreaux,
L'étude après l'amour est le meilleur des maux.

www.ingramcontent.com/pod-product-compliance
Lightning Source LLC
Chambersburg PA
CBHW070440080426
42450CB00031B/2738